Made in the USA
Monee, IL
28 January 2022

90124691R00062